¿Somos amigos?

ANABEL FERNÁNDEZ REY

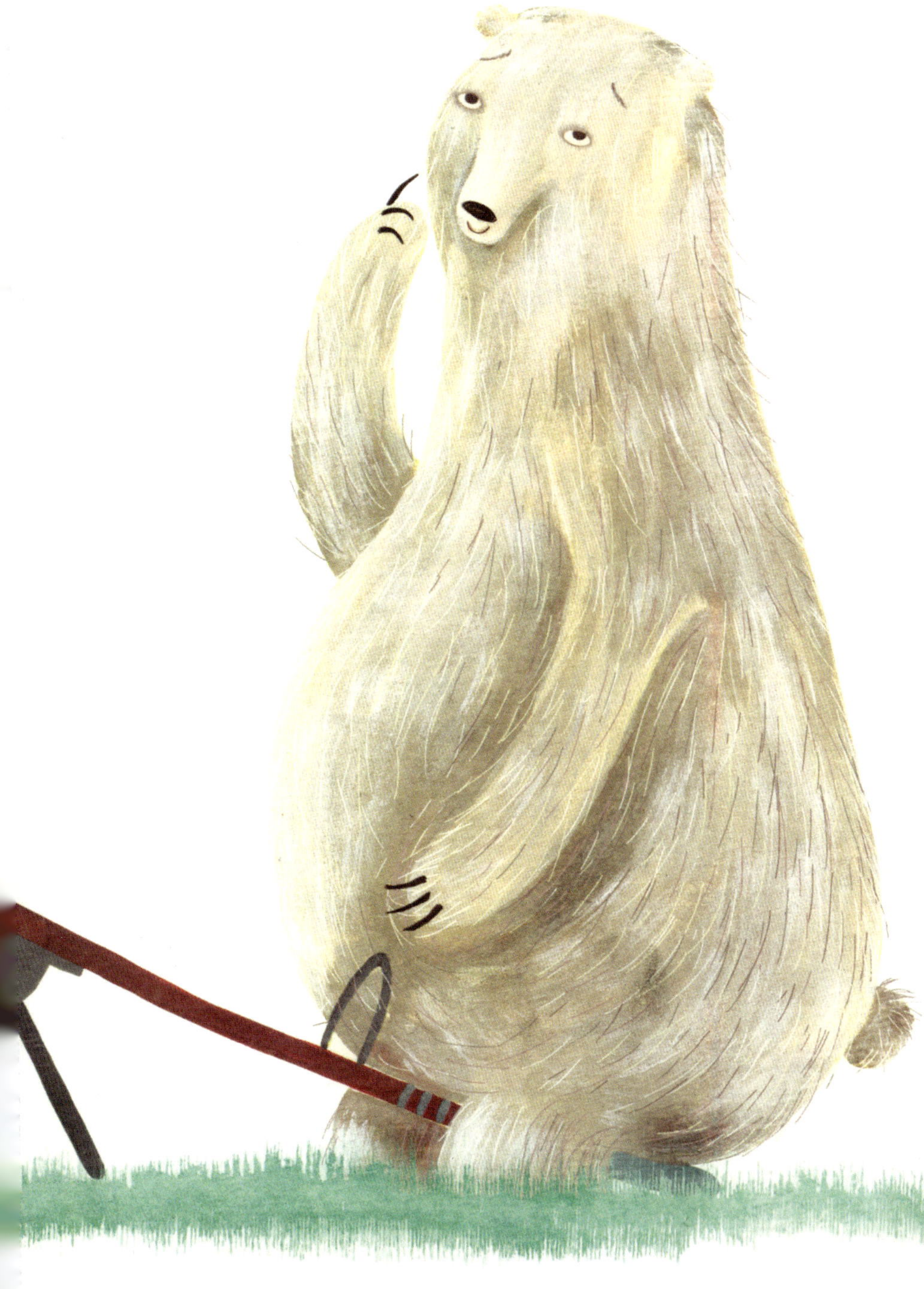

Mc Graw Hill Education

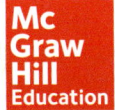

—He comido muchas verduras.

Tú, que eres glotón, ¿me ayudas a acabar?

—Quiero volar muy alto.

Tú, que tienes tanta fuerza,

¿me ayudas?

—No quiero peinarme solo.

Tú, que ves mejor desde arriba,

¿me ayudas?

—Quiero ir muy rápido.

Tú, que sabes empujar, ¿me ayudas?

—Tengo una herida. ¿Me curas?

—¡Yo también creo que es divertido que seas mi amigo!

—¡Es divertido que seas mi amigo!

—Tengo hambre. ¿Me invitas?

—Tengo que asearme. ¿Me lavas?

—Tengo algo en la pata. ¿Me lo sacas?

¡Somos amigos!